수학 통계당

글 인간과수학연구소 | 그림 김종이

위즈덤하우스

뭐가 나오는지 보고 가시오

등장인물 ● 4
프롤로그 ● 6

1 통계로 통하였노라!

가족 수를 적어 오시오! ○ 12
정리의 왕 납시오! ○ 22
제대로 뽐내 보시오! ○ 32
임금님 입맛에 딱 맞는
　　　단맛을 찾아보시오! ○ 42

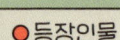

● 프롤로그

학교를 마치고 집으로 가는 길, 그동안 못 봤던 이상한 가게가 지민이 눈에 띄었다. 평소 궁금한 걸 그냥 못 넘기는 지민이는 가게로 성큼성큼 다가갔다.

"빨리 집에나 가자. 배고파."

뒤에서 소리치는 지호의 말은 그냥 무시한 채 지민이는 힘차게 가게 문을 열었다. 지호는 내키진 않았지만 그런 지민이를 따라 들어갈 수밖에 없었다.

가게 안은 오래된 물건으로 가득 차 있었다. 각 물건에서 풍기는 낡은 냄새가 마치 가게의 긴 역사를 이야기하는 듯했다. 호기심에 가득 찬 눈으로 지민이는 가게 이곳저곳을 살피며 신기한 물건들을 구경했다.

그때 흰 수염을 늘어뜨린 할아버지가 도포 자락을 휘날리며 나타났다. 갓부터 짚신까지 할아버지의 옷차림은 방금 조선 시대에서 왔다고 해도 믿길 정도였다.

"할아버지, 안녕하세요? 얘는 이지호고, 전 이지민이에요. 여기 오래된 물건들이 참 많네요!"

"그래, 반갑구나. 이 물건들에는 옛날 사람들의 사연이 담겨 있단다. 마음껏 구경하렴. 그렇지만 함부로 만지는 건 안 된다."

할아버지의 허락도 받았겠다 한껏 신이 난 지민이는 가게를 돌아다니며 본격적으로 구경하기 시작했다. 그러다 우뚝 서더니 뭔가에 홀린 듯 다가갔다.

지민이는 장난스레 막대기를 하늘로 휙 던졌다. 그런데 놀랍게도 막대기는 훨훨 날면서 이상한 빛을 뿜어내기 시작했다. 그러면서 두 아이의 몸도 하늘로 붕 떠올랐다.

얼마 뒤 주변을 감싸던 빛은 사라지고 둘은 다시 땅으로 내려왔다.

"여긴 조선 시대 수원이라는 마을이란다. 아무래도 너희가 호패를 던졌나 보구나."

할아버지의 답이 끝나기가 무섭게 지민이가 다다다 질문을 쏟아 냈다.

"호패가 뭐예요? 여기가 옛날 조선이라고요? 말도 안 돼요!"

할아버지는 지민이의 반응을 예상했다는 듯 차분히 대답했다.

#표

#통계

#막대그래프

#원그래프

#꺾은선그래프

#정량적 사고

통계로 통하였노라!

1

경기도 수원부 햇살면 새싹리 78
이호민 30세, 평민, 본관 수원

모 박씨, 43세, 본관 청주
처 양씨, 30세, 본관 이천
거느린 딸 1 이꽃님, 11세
거느린 딸 2 이별님, 10세
거느린 딸 3 이햇님, 8세
거느린 딸 4 이달님, 6세

호구단자

경기도 수원부 햇살면 새싹리 50
김대성 35세, 양반, 본관 개성

처 최씨, 나이 34세, 본관 한양
거느린 딸 1 김소을, 16세
노비 갑돌, 67세   노비 금단, 65세
노비 순절, 54세   노비 개똥, 53세
노비 안석, 46세   노비 향단, 34세
노비 분돌, 33세   노비 갑분, 22세
노비 돌쇠, 20세   노비 만월, 17세

호구단자

에잇! 사실대로 적으면 손해야!

호방이 가족 구성원을 적은 종이를 가져오라고 한 날이 밝았다. 관아 앞은 종이를 든 남자들로 북새통이었다. 호구 단자를 내러 온 것이다. 호방은 남자들이 적어 온 호구 단자를 차례차례 살핀 뒤 차곡차곡 모아 두었다. 모든 사람이 돌아가자, 호방은 마을에 양인 남자가 몇 명 사는지 정리한 뒤 새로 이 마을을 맡게 된 사또에게 보고했다.

"호구 조사를 한 결과, 우리 마을에 열여섯 살이 넘는 양인 남자는 총 스무 명 살고 있습니다."

"이 큰 마을에 스무 명밖에 없다고? 제대로 조사한 게 맞느냐?"

사또가 불같이 소리를 지르며 말했다. 사또의 호통에 잔뜩 겁을 먹은 호방이 주절주절 해명을 시작했다.

"저도 스무 명은 훨씬 넘을 거라 생각해서 다섯 번도 넘게 살펴봤는데, 계속 스무 명이라고 나옵니다."

호방 잘못이 아니라는 걸 아는 사또도 더 이상 호방에게 화를 낼 순 없는 노릇이었다.

"큰일일세. 호구 조사를 제대로 해야 하는데 말이지. 무슨 좋은 방법이 없을까?"

호방 조선 시대 지방 관아에서 세금에 관한 일을 맡아 한 하급 관리.
호구 단자 조선 시대에 가족 사항을 적어 관아에 신고하던 서류.
양인 조선 시대 천민을 제외한 모든 신분. 양반, 중인, 평민이 여기에 속한다.

> 백성들에게 호구 조사가 얼마나 중요한지 먼저 알려 주셔야 합니다!

큰 소리가 나는 쪽을 돌아보니, 할아버지와 지민, 지호가 관아로 들어오고 있었다.

"아이고, 통달 어르신! 오랜만입니다! 어? 못 보던 아이들도 있네요?"

호방이 할아버지를 반기며 달려 나왔다. 사또는 경계하며 호방에게 물었다.

"누구시길래 이렇게 반기는가?"

"저희 마을에서 일어나는 문제를 말끔히 해결해 주시는 통계의 달인, 통달 어르신입니다."

할아버지는 이들에게 눈인사를 했다. 옆에 있던 아이들은 어리둥절할 수밖에!

"오랜만입니다? 할아버지 여기에 온 적 있으세요?"

"할아버지 이름이 통달이에요?"

할아버지가 대답이 없자, 지민이는 관아가 떠나갈 듯 외쳤다.

"할아버지가 통달이냐고요! 그리고 호구 조사가 뭔데요?"

에헴! 이 정도는 알고 가야지!

호구 조사는 백성이 어디에 몇 명 사는지 조사하는 거야.

호구 조사는 왜 하는 건데요?

 백성 수가 몇 명인지 알아야 나라에서 쓸 돈을 얼마나 걷을 수 있을지 알 수 있거든. 양인 남자 수를 알아야 군인을 얼마나 모을 수 있을지 알 수 있고 말이야. 이 숫자는 통계를 사용해서 파악했어.

통계로요? 그때도 통계가 있었어요?

그럼, 당연하지! 통계란 정보를 알아내기 위해 자료를 모으고, 기준에 따라 나눈 뒤 알아보기 쉽게 정리하고 해석하는 것이란다. 이번에 호방이 백성들한테 호구 단자를 내라고 한 것도 자료를 모으려고 한 거야.

 맞아. 호방은 호구 단자를 보고 양인과 천민을 나누고, 양인 남자가 몇 명인지 정리했지.

근데 정말 백성들이 호구 단자를 솔직하게 쓰지 않은 거예요? 왜 양인 남자가 생각보다 적다고 한 거죠?

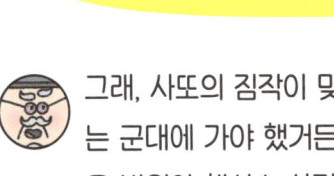 그래, 사또의 짐작이 맞을 거야. 조선에서 양인 남자는 군대에 가야 했거든. 군대에 가면 몇 달 동안 집을 비워야 해서 농사지을 사람이 없었지. 군대에 가면 힘들기도 하고.

군대에 안 가려고 거짓말을 한 거군요. 그러면 호구 조사를 정확하게 할 수 없겠네요.

 그렇지. 통계는 올바른 결정을 내릴 수 있게 도와주는데, 이렇게 정확하지 않은 자료로 정리하면 잘못된 결정을 내리게 돼. 그래서 사또가 고민하는 거야. 호구 조사를 정확히 하지 않으면 애꿎은 백성들이 세금을 더 내야 할 수도 있거든.

돈을 더 낼 수도 있다고요? 얼른 사람들한테 이 사실을 알려야겠어요!

통계, 요즘은 이렇게 쓰이지!

서울시 올빼미 버스

도시의 대표적인 교통수단은 지하철, 버스, 택시야. 그중 지하철과 버스는 운행 시간이 정해져 있지. 지하철과 버스의 막차가 끊긴 늦은 밤 이동하려면 택시를 타야 하는데, 서울은 밤에 택시 잡는 게 어렵기로 유명해. 탈 수 있는 교통수단이 택시밖에 없으니까 모든 사람이 택시를 타려 하거든.

서울시는 시민들의 불편을 덜기 위해 막차가 끊긴 자정부터 첫차가 운행하는 오전 5시까지 다니는 심야 버스를 만들었어. 이름하여 올빼미 버스. 서울시는 최대한 많은 사람이 올빼미 버스를 이용하게 하고 싶었어. 그러려면 대중교통이 끊긴 늦은 밤 사람이 어디에 많고, 주로 어디로 이동하는지 알아야 했지. 서울시는 사람들이 밤늦게 집에 갈 때, 누군가에게 전화한다는 것에 주목했어. 그래서 이동 통신사와 함께 자정쯤 통화량이 많은 곳을 분석한 뒤, 그곳을 올빼미 버스 노선에 포함했지. 그 결과 올빼미 버스는 늦은 밤 이동 수단이 필요한 사람들에게 유용한 교통수단이 되었단다. 서울시 올빼미 버스는 통계를 성공적으로 활용한 예야.

tongdaly

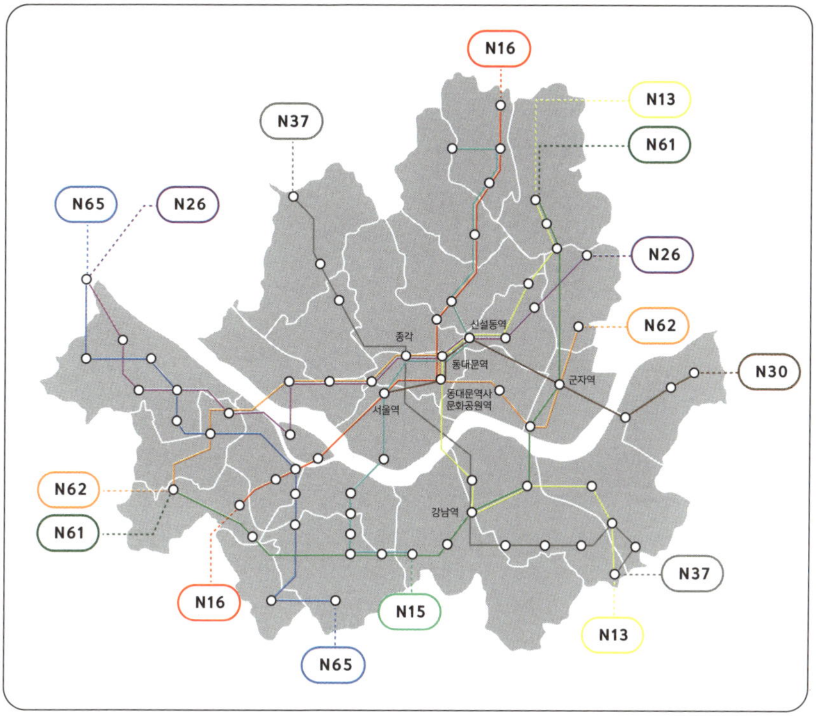

서울시 올빼미 버스 노선도

표와 그래프

정리의 왕 납시오!

아이고, 배야!

통달 할아버지, 여기는 뭐 하는 곳이길래 이렇게 줄을 서 있나요?

아픈 사람들이 혜민서에서 진료 받으려고 줄 서 있나 보다.

혜민서 조선 시대에 아픈 백성들을 무료로 치료해 주던 관아.

오늘도 혜민서 안과 밖은 사람들로 가득했다. 요즘 감기가 유행인 건지 감기에 걸린 사람이 특히 많았고, 배탈이 난 사람, 다리가 아픈 사람, 그냥 약만 타러 온 사람 등 온갖 사람들이 뒤섞여 있었다. 손에 피가 철철 나서 당장 의관을 만나야 할 것 같은 사람도 하염없이 자신의 차례를 기다릴 뿐이었다. 긴 기다림 끝에 의관을 만난 사람들은 아픈 곳을 말하기 전에 불평부터 쏟아 냈다.

"제가 오늘 의관님을 만나려고 얼마나 기다렸는지 압니까? 기다리다가 죽는 줄 알았소."

"앞뒤로 고뿔 환자들에 둘러싸여 있으니 나까지 고뿔에 걸릴 것 같다고요. 고뿔 환자는 따로 분리할 순 없나요?"

"제 아들은 이렇게 피가 철철 나는데 먼저 봐주실 순 없나요?"

쏟아져 들어오는 환자들을 치료하는 것만으로도 힘든데, 거기에 불평까지 듣고 있으려니 의관들도 죽을 맛이었다.

"김 의관, 오늘도 정말 환자가 넘쳐 나는구먼. 고뿔 환자를 보다가, 약을 가지러 갔다가, 침을 놓으러 갔다가… 정신이 하나도 없어서 지금 내가 뭘 하고 있는지 모르겠네."

"그러게나 말일세. 이걸 해결할 방법이 없을까?"

의관 오늘날 의사와 같은 조선 시대 직업.
고뿔 감기를 뜻하는 우리나라 고유어.

제가 정리해 보겠습니다.
혜민서 진료 기록을 볼 수 있을까요?

환자들을 뚫고 통달 할아버지와 지민, 지호가 나타났다.

"통달 어르신이군요! 안 그래도 어르신이 오셨다는 얘기를 듣고 도움을 청하고 싶었습니다."

근심으로 가득하던 의관의 얼굴이 환해졌다. 묻지도 않았는데, 지민이가 넉살 좋게 자기소개를 했다.

"저희는 수학 통계당이에요! 문제는 저희에게 맡기세요."

어리둥절해하는 의관들 사이에서 한 의관이 통달 할아버지에게 서둘러 물었다.

"그런데 어떻게 정리하신다는 거죠? 저희도 매일 진료 기록을 정리하고 있긴 한데, 다른 방법이 있으신 건가요?"

의관들뿐만 아니라 옆에 있던 지민이와 지호도 궁금한 눈치였다. 통달 할아버지는 호탕하게 한번 웃고는 말했다.

"표와 그래프로 정리하면 됩니다!"

 에헴! 이 정도는 알고 가야지!

진료 기록지를 보고 환자를 나눠 볼까?

방문 목적에 따라 약만 받으러 온 사람, 감기에 걸려 온 사람, 침을 맞으러 온 사람으로 나눌 수 있어요.

약만 받으러 온 사람은 다섯 명이고, 감기에 걸려서 온 사람은 서른 명, 침을 맞으러 온 사람은 열 명이네요.

 이제 나눈 것을 정리해 볼까? 가장 쉽게 정리할 수 있는 것은 표야. 표는 일정한 기준에 따라 나눈 값을 직사각형 모양의 칸에 정리한 것을 말하지. 혜민서에 들른 사람을 표로 이렇게 정리할 수 있어.

혜민서 방문자

방문 목적	약만 받으러 온 사람	감기에 걸려 온 사람	침 맞으러 온 사람
사람 수	5	30	10

 그래프로 정리해서 보여 주면 되지. 그래프는 표를 그림으로 나타낸 거라고 보면 돼. 이 표는 막대그래프로 정리하면 훨씬 잘 비교가 되겠구나. 표를 보면 정확한 수를 확인할 수 있고, 그래프를 보면 그 상태나 변화를 한눈에 살펴볼 수 있어.

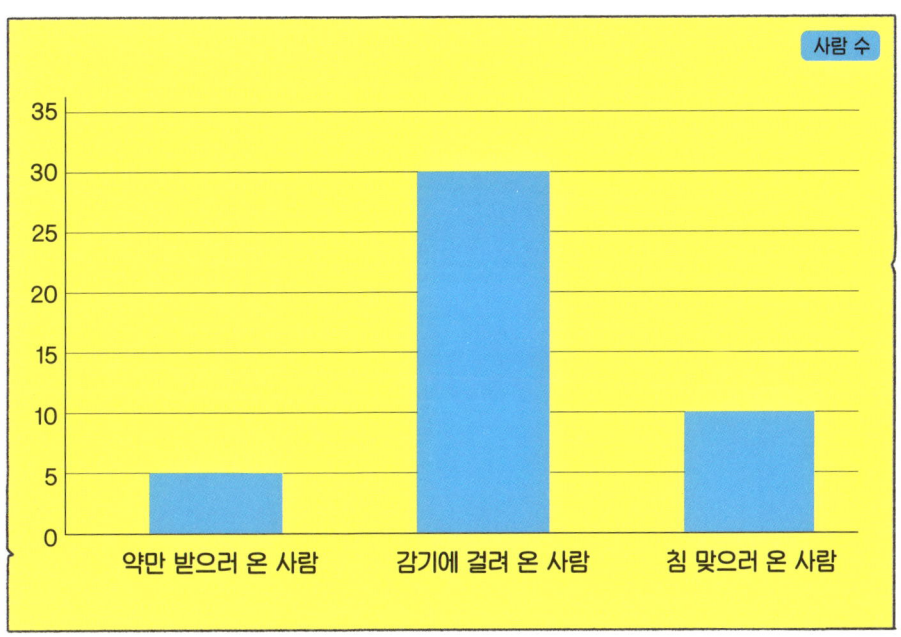

막대그래프로 정리된 것을 보니
약만 타러 온 사람은 적고, 감기 걸려 온 사람이
많다는 것을 확실히 알겠어요.

그럼 감기 걸려 온 사람을 맡는 의관이
더 많아야겠네요. 어차피 감기는 옮기 쉬우니까
감기 걸려 온 사람만 따로 모아 놓고
치료하면 좋을 것 같아요.

약만 타러 온 사람은 금방 갈 테니까
침을 놓는 의관이 침을 놓고 기다리는 동안
약을 주면 될 것 같고요.

좋은 생각인데?

혜민서에 의관이 일곱 명 있으니까
네 명은 감기 환자만 치료하고,
세 명은 침을 맞아야 하는 환자와
약을 받으러 온 환자를 상대하면 되겠구나!
얼른 의관들에게 말해 줘야겠다.

그런데 할아버지, 막대그래프 말고 다른 그래프도 많지 않아요?

지호가 잘 아는구나. 그래프는 종류가 많단다. 막대그래프는 어떤 게 가장 많고 적은지 잘 보여 주고, 막대그래프의 끝을 선으로 이은 꺾은선그래프는 시간의 흐름에 따른 자료의 변화를 잘 보여 줘. 지금 자료에는 시간의 흐름이 담기지 않아서 꺾은선그래프는 적절하지 않지. 각각의 것들이 전체에서 얼마나 차지하는지 보고 싶으면 원그래프를 그리면 돼.

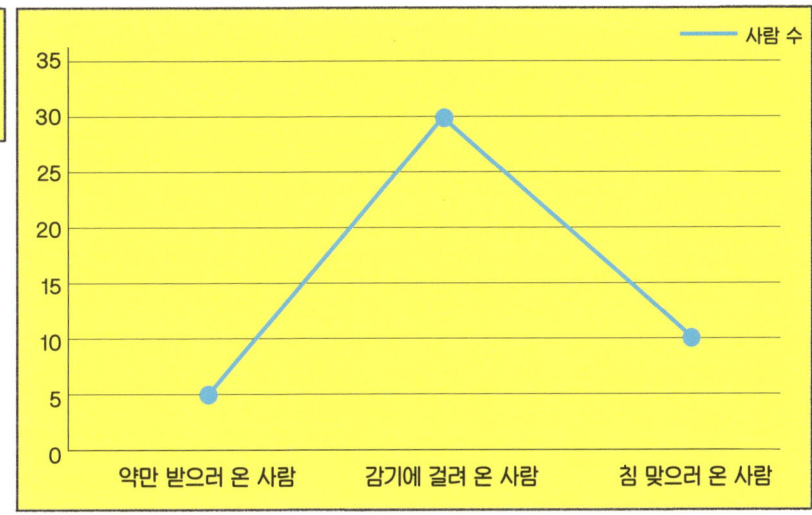

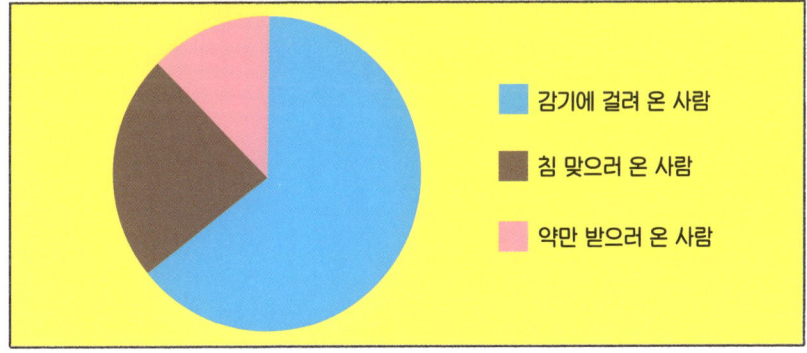

통계, 요즘은 이렇게 쓰이지!

나이팅게일과 장미 그래프

1853년 크림 전쟁이 한창이던 때 야전 병원에서 일하던 간호사 나이팅게일은 이상한 점을 발견했어. 병원에서 전염병에 걸려 죽은 병사가 전쟁터에서 죽은 병사보다 훨씬 많다는 거였지. 그 원인은 부족한 병원 시설과 비위생적인 환경 때문이었어. 나이팅게일은 1년 동안 병원에서 전염병으로 죽은 병사와 전쟁터에서 죽은 병사 수를 정리해 그래프로 그렸어. 사망자 수가 많을수록 넓은 면적으로 그리고, 각각을 다른 색깔로 표시했지. 이 그래프는 활짝 핀 장미꽃 같아서 '장미 그래프'라고 불렸단다. 장미 그래프는 안 좋은 병원 위생 때문에 많은 병사가 희생당하고 있다는 것을 확실히 보여 주었고, 병원 위생을 위한 정부 지원을 받게 되었어. 그 결과 6개월 만에 병사 사망률이 42퍼센트에서 2퍼센트로 줄었지. 장미 그래프는 자료를 분석하고 정보를 효과적으로 보여 주는 것의 중요성을 알려 주는 예야.

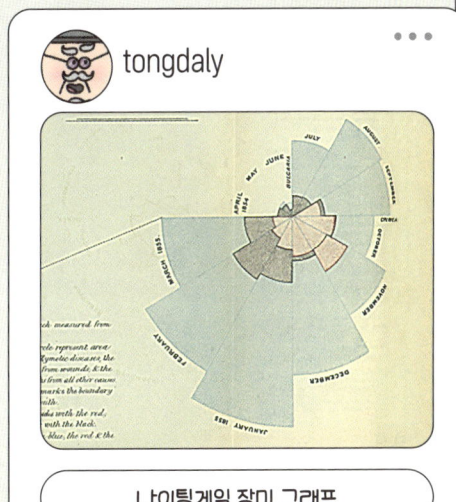

나이팅게일 장미 그래프

크림 전쟁 1853~1856년에 러시아와 유럽의 여러 나라 사이에 일어난 전쟁.

 통계를 보는 눈

제대로 뽐내 보시오!

무사히 호구 조사를 마쳤군. 저번보다 양인 남자를 훨씬 많이 찾아냈으니까 좋은 평가를 받겠지?

저번 조사 때와 이번 조사 때 사람 수를 그림으로 그려서 보여 주면 그 차이가 훨씬 잘 보일 것입니다.

올해 좋은 평가를 받을 거란 기대에 가득 차 있던 사또는 호방이 그린 그래프를 보고 큰 실망에 빠졌다. 이대로라면 자신이 한 일을 잘 보여 주기는 틀린 것 같았다. 호방과 아무리 머리를 맞대고 고민해도 뾰족한 수가 떠오르지 않자, 사또는 통달 할아버지에게 도움을 청하기로 했다. 그래서 군졸이 통달 할아버지를 데리러 온 것이다.

사또는 통계당을 보자마자 말을 쏟아 냈다.

"어르신, 와 주셔서 감사합니다. 이 그림 좀 보시죠. 제가 이번 호구 조사 때 통달 어르신의 도움을 받아 양인 남자를 무려 30명이나 더 찾아냈는데, 그게 잘 드러나지 않습니다."

"저희가 살펴봐 드리죠."

통달 할아버지는 이렇게 대답한 뒤 무슨 꿍꿍이가 있는 듯 그래프가 그려진 종이를 지민이와 지호에게 넘겼다. 눈치 빠른 지민이가 종이를 받으며 말했다.

"이번 사건은 저희가 먼저 살펴볼게요!"

벌써 지호는 그래프를 뚫어져라 쳐다보고 있었다. 그때 지민이가 혼잣말을 했다.

"그래프에 적힌 숫자 크기가 왜 이렇게 작아. 수학 교과서에 나온 것처럼 크게 쓰여 있으면 훨씬 잘 보일 텐데…."

그 말을 들은 지호는 뭔가 깨달은 듯 크게 외쳤다.

그래프의 눈금 사이 간격을 늘려서 보여 주면 돼요!

"눈금을 늘린다고? 그게 무슨 말이냐? 눈금을 더 그리자는 말이냐?"

사또가 고개를 갸우뚱하며 물었다. 그러자 통달 할아버지가 호탕하게 웃으며 답했다.

눈금 수를 늘리는 것이 아니라 그림을 확대해서 보여 주자는 말입니다.

눈금 사이 간격을 늘려서 그래프를 그려 볼게요.

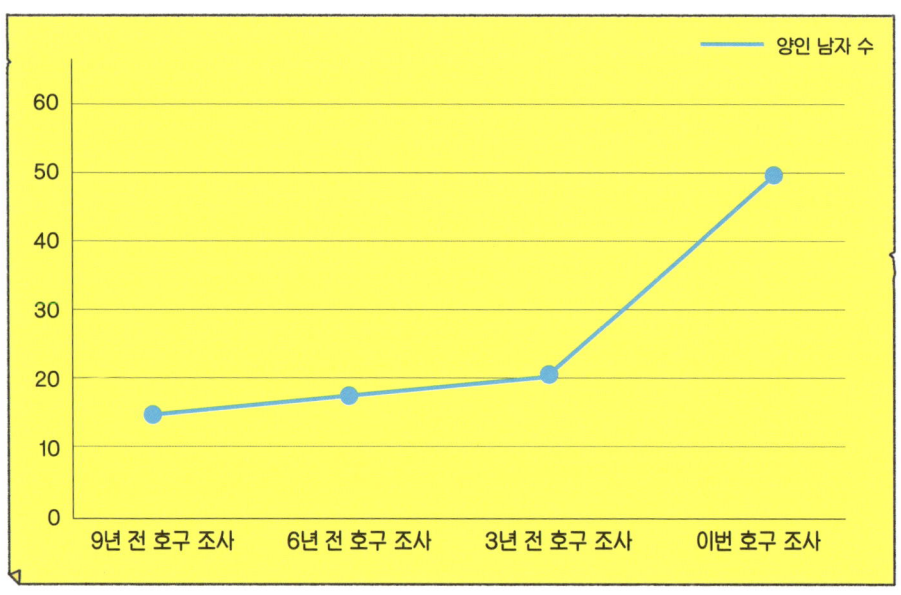

이제야 변화가 확실하게 보이네.

 그래프는 조사한 자료를 더 잘 보여 주기 위해 그리는 거야. 그러려면 어떤 그래프로 어떻게 보여 줘야 효과적일지 고민해야 하지.

호방이 그린 그래프는 조사한 내용은 잘 담아냈지만, 그 내용을 효과적으로 보여 주진 못했어.

반면에 지호가 그린 그래프는 숫자 사이의 간격을 넓혀서 이번 호구 조사 때 훨씬 많은 사람을 찾아냈다는 것을 잘 보여 주지.

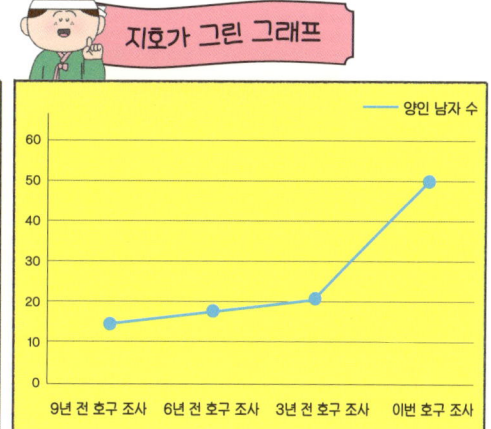

저는 안 그러겠지만, 나쁜 마음을 먹은 사람이 간격을 바꿔서 그래프를 만들면, 잘 모르는 사람들은 속을 수 있을 것 같아요.

맞아, 그래프에는 만드는 사람의 '의도'가 담길 수 있단다. 간격이나 기울기를 다르게 해서, 의도적으로 특정 결과를 강조하거나 축소할 수 있어. 따라서 그래프를 볼 때는 가로 세로의 눈금과 수를 꼼꼼히 확인하고, 그래프를 만든 사람의 의도를 파악하는 것이 중요해. 특히 광고에는 교묘하게 과장해서 만든 그래프가 나올 때가 있어서, 비판적으로 봐야 한단다.

다른 마을에서 지호가 그린 그래프보다 더 눈금 간격을 넓힌 그래프를 그리면 사또가 호구 조사를 잘했다는 걸 못 뽐내는 거 아닌가요?

그래프 기울기가 더 가파를 테니까요.

지민이가 중요한 걸 말해 줬구나. 그래서 여러 그래프를 비교할 때는 가로와 세로의 눈금을 똑같이 해서 그린 뒤 비교해야 한단다. 그렇지만 지금은 다른 그래프와 비교하는 경우가 아니니까, 넘어가자꾸나.

통계, 요즘은 이렇게 쓰이지!

별점이 높다고 맛있는 가게일까?

요즘 배달 앱을 통해 음식 많이들 시켜 먹지? 음식 시켜 먹을 가게를 정할 때 가장 많이 살펴보는 게 아마 배달 앱의 별점일 거야. 별점이 높을수록 맛있는 가게라고 생각해서 주문하게 되지. 그런데 별점이 높으면 맛있는 가게이고, 별점이 낮으면 맛없는 가게라고 할 수 있을까?

별점은 주문한 사람들만 남길 수 있기에 대체로 별점이 높은 가게일수록 맛있을 확률이 높아. 그렇지만 실패 없이 맛있는 가게에서 음식을 시키고 싶다면, 별점과 더불어 살펴봐야 할 것이 있어. 바로 '몇 명이 별점을 남겼는지'야. 예를 들어 세 명이 별점 5점을 남긴 가게와 1000명이 4.5점을 남긴 가게가 있다고 해 보자. 별점만 보면 세 명이 별점 5점을 준 가게가 더 맛있을 거라고 생각돼. 그렇지만 1000명이 별점을 남긴 가게는 별점 5점을 남긴 사람이 적어도 500명은 넘었을 거야. 그래도 세 명이 5점을 준 가게가 1000명이 4.5점을 준 가게보다 맛있다고 생각하는 것이 합리적일까? 세 명이 맛있다 했다고 맛집이라고 판단하기는 어려워. 어쩌면 그 세 명이 사장님 가족이거나 친구일 수도 있지. 또 터무니없는 이유로 별점을 낮게 주는 경우도 있어서 별점을 무조건 신뢰하지 말고, 리뷰 내용을 살피는 것도 필요하단다. 이렇게 통계 자료를 해석할 때는 여러 가지를 확인해야 해. 통계의 속임수에 당하지 않도록 말이야.

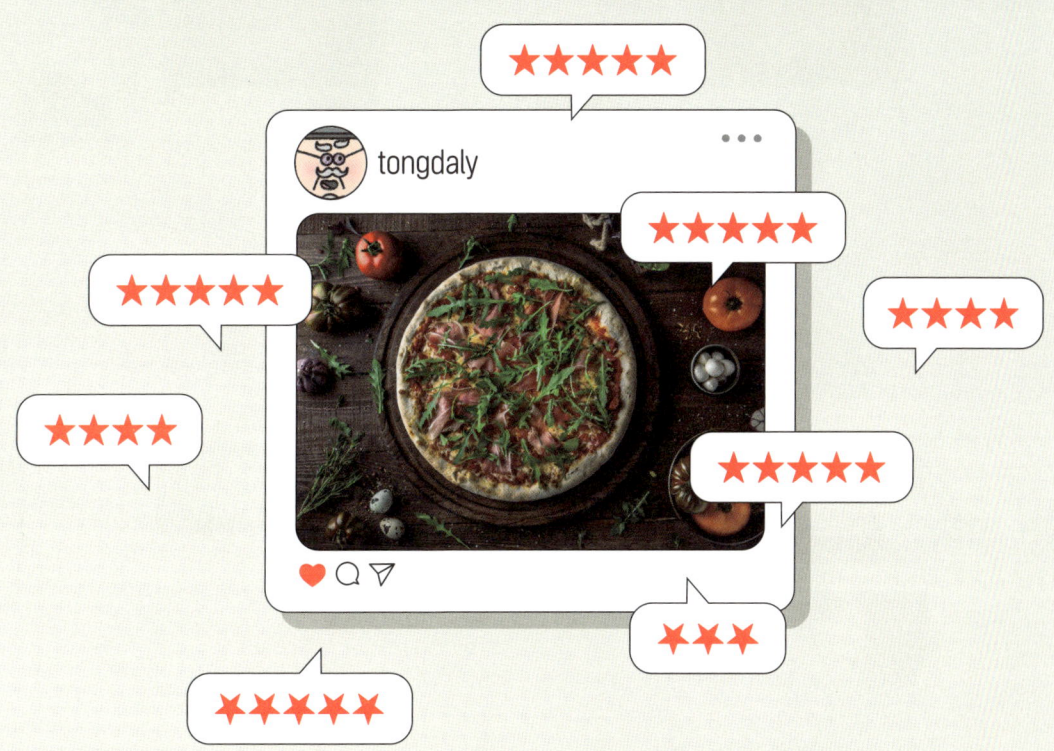

정량적 사고

임금님 입맛에 딱 맞는 단맛을 찾아보시오!

올해도 마을의 자랑인 복숭아를 임금님께 올릴 때가 다가왔다. 처음으로 복숭아를 올리게 된 사또는 진상품으로 올릴 복숭아를 더욱 신중히 살폈다. 매년 작년과 같은 복숭아를 올리라는 과제를 받은 터라 더 긴장할 수밖에 없었다. 그런데 아무리 복숭아를 이리저리 살피고 고민을 해 봐도 임금님이 원하는 적당히 단맛이 뭔지 도무지 알 수가 없었다. 고민에 빠진 사또는 호방과 함께 관아에 쌓인 복숭아를 하나하나 먹어 보기 시작했다.

"사또, 이 복숭아는 정말 답니다. 이게 임금님이 말하시는 단맛 아닐까요?"

그러자 사또도 먹던 복숭아를 가리키며 말했다.

"지금 내가 먹고 있던 것도 엄청 맛있구나. 이걸 더 임금님이 좋아하시지 않을까?"

이후에도 다른 복숭아를 계속 먹어 봤지만, 오히려 더 미궁에 빠지는 느낌이었다.

"이렇게 복숭아를 먹어 보니, 저희 마을 복숭아는 다 맛있네요!"

"그러면 뭘 하나, 임금님도 그렇게 느끼셔야 하는 걸."

옆에서 둘의 대화를 지켜보던 통달 할아버지가 잔뜩 쌓여 있는 복숭아 껍질을 치우며 말했다.

단맛의 기준을 정하면 됩니다!

구세주라도 만난 것처럼 얼굴에 화색이 돈 호방은 통달 할아버지가 치우던 복숭아 껍질을 대신 치우며 대답했다.

"역시 통달 어르신밖에 없습니다."

"그나저나 어르신, 단맛의 기준을 어떻게 정합니까? 맛이라는 게 사람마다 다르게 느끼고, 그때그때 다르게 느껴지기도 하지 않습니까?"

사또는 여전히 의문이 해결되지 않은 듯했다. 그러자 통달 할아버지는 가슴 깊숙한 곳에서 숟가락 하나를 꺼내 들어 보이며 말했다.

"물론 맛의 정도를 정확하게 표현하기란 쉽지 않죠. 그래서 기준을 정하자고 한 것입니다. 지금 급히 사람 한 명을 궁으로 보낼 수 있을까요? 평소 임금님이 드시는 꿀물을 만들 때 물 한 그릇에 이 숟가락으로 꿀을 몇 숟가락 넣는지만 알아 오면 됩니다."

에헴! 이 정도는 알고 가야지!

할아버지 숟가락만으로 임금님이 좋아하시는 단맛을 어떻게 알 수 있어요?

꼭 할아버지 숟가락을 가져갈 필요가 있을까요? 궁에는 숟가락이 엄청 많을 텐데요.

꼭 내 숟가락을 가져가야 한단다. 너희 집에 있는 숟가락을 떠올려 보렴. 크기나 모양이 모두 똑같니?

아빠 건 엄청 크고, 엄마 건 길쭉하게 생겼어요. 저랑 지호 건 어린이용이라 작고 둥글고요.

아! 왜 할아버지 숟가락을 주셨는지 이제 알겠어요.

그 숟가락으로 꿀을 몇 숟가락 넣었는지 알아야지만, 임금님이 좋아하시는 단맛의 정도를 알 수 있겠네요. 숟가락마다 꿀이 담기는 양이 다를 테니까요.

 그래. 너희 아빠 것처럼 큰 숟가락으로 꿀을 한 숟가락 넣고 만든 꿀물이 내 것으로 한 숟가락을 넣고 만든 꿀물보다 훨씬 달 거야. 임금님의 꿀물에 꿀 한 숟가락을 넣는다고 해서 내 숟가락으로 한 숟갈 꿀을 넣으면, 임금님이 먹는 꿀물과 완전히 다른 꿀물이 만들어질 수도 있는 거지.

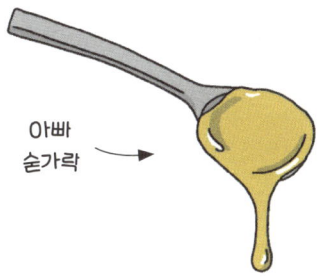

아빠 숟가락

통달 할아버지 숟가락

그럼 임금님이 좋아하시는 단맛은 '할아버지 숟가락으로 꿀 몇 숟가락'이라고 표현할 수 있겠네요. 맛을 이렇게 전할 수 있다니 신기해요!

맞아. 어떤 현상을 수로 표현하는 것을 '정량적 사고'라고 한단다. 길이나 무게, 넓이를 숫자와 단위로 표현하는 것에는 익숙하지만, 느낌이나 감정을 숫자로 나타내는 건 낯설지?

임금님이 좋아하는 단맛

통달 할아버지 숟가락으로 꿀 몇 숟갈?

이번처럼 사람마다 다르게 받아들이기 쉬운 느낌이나 감정을 전달할 때는 정량적으로 전달하면 이해하기 쉽겠네요.

우리 동네 마라탕집에서 매운 정도를 3단계는 신라면, 5단계는 불닭볶음면으로 써 놨는데, 그것도 정량적으로 표현한 거예요?

 오, 지민이가 좋은 예를 생각했는걸? 매운맛의 정도는 스코빌 지수로 나타내는데, 사람들에게 익숙하지 않아. 그래서 이해하기 쉽게 스코빌 지수가 같은 라면으로 빗대어 보여 준 거지.

뒷이야기

임금님은 통달 어르신 숟가락으로 꿀을 두 숟가락 넣은 꿀물을 좋아하신다고 합니다.

임금님 입맛에 딱 맞는 복숭아를 찾았다!

통계, 요즘은 이렇게 쓰이지!

라면의 매운 정도를 어떻게 보여 줄까?

느낌이나 감각을 수로 표현할 수 있을까? 특정한 단위를 쓰면 수로 나타낼 수 있단다.

먼저 과일의 단 정도는 브릭스(Brix)라는 단위를 써서 표현할 수 있어. 1브릭스는 액체 100그램에 당분이 1그램 들어 있다는 뜻이란다. 브릭스 지수가 높을수록 더 달게 느껴지지. 보통 멜론은 11브릭스, 키위는 14브릭스, 파인애플은 15브릭스야. 고추의 매운 정도는 스코빌 지수(SHU)로 표현할 수 있어. 스코빌 지수는 고추에 들어 있는 캡사이신의 농도에 따라 매운 정도를 수로 나타낸 거란다. 파프리카는 0스코빌, 매운맛 라면은 1320~2700스코빌, 청양고추는 4000~1만 2000스코빌로 매울수록 수치가 높아지지. 순수 캡사이신은 무려 1500만~1600만 스코빌이야. 엄청 맵다는 걸 짐작할 수 있지? 이 외에도 온도는 섭씨(℃)나 화씨(℉)로, 소리의 크기는 데시벨(dB)로 객관적으로 표현해. 병원에서는 환자가 느끼는 통증을 1에서 10까지의 수로 나타내게 해서 환자가 어느 정도의 통증을 느끼는지 확인하기도 하지.

정량적 사고를 통해 느낌이나 감각을 객관적으로 표현하면, 비교하기 어렵다 생각되는 것들도 쉽고 정확하게 비교할 수 있고, 작은 차이도 비교할 수 있어. 그러면서 문제를 해결하는 데 필요한 정보를 얻을 수 있고, 세상을 더 정확하게 이해할 수 있단다.

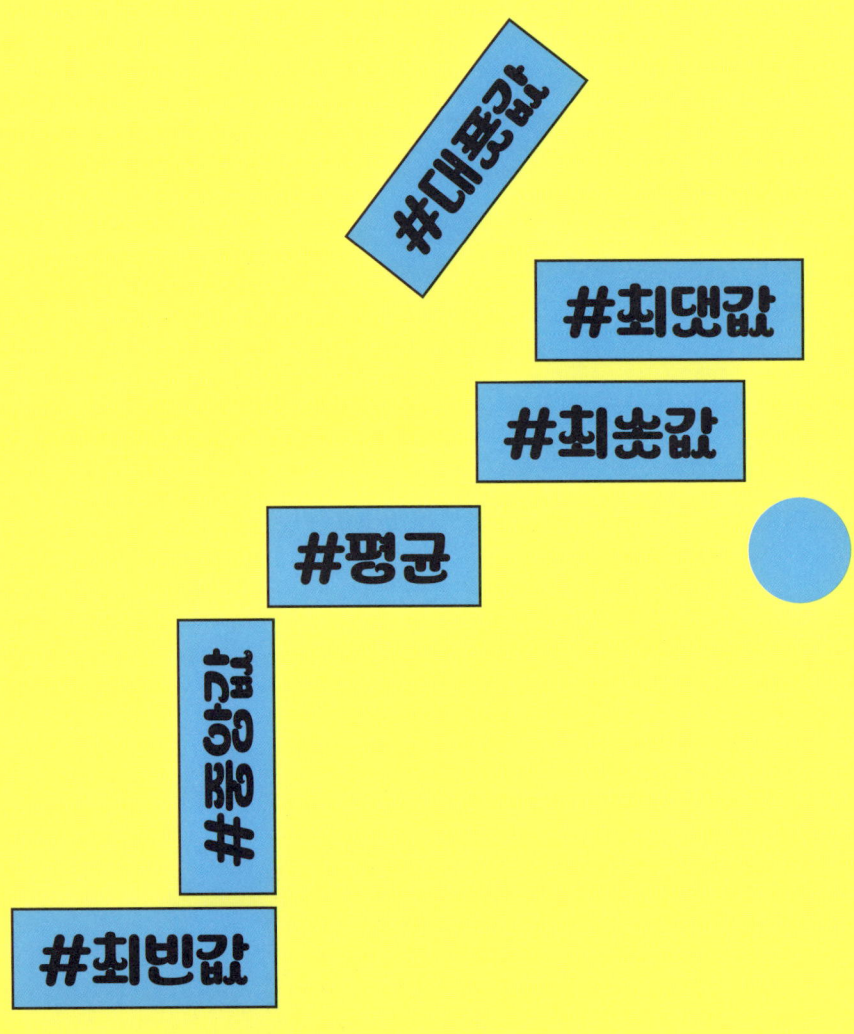

찐쩡한 통계당으로 거듭났노라!

2

대표를 뽑아 보시오!

다음 달에는 각 지역 부대 간 활쏘기 시합이 있다. 부대 대장은 부대를 대표할 사람을 뽑기 위해 활쏘기 대회를 열었다. 총 9회 동안 각각 열 번의 화살을 쏴서 가장 많이 맞힌 사람을 뽑기로 했다. 그런데 결과를 보니 누구를 뽑아야 할지 오히려 더 정할 수가 없었다. 대장은 부대장에게 물었다.

"열 번 쏴서 열 번 다 맞히는 군졸이 이리도 적단 말이냐! 매번 활쏘기 대회 때마다 이러했느냐?"

부대장은 멋쩍은 듯 머리를 긁으며 대답했다.

"그게, 항상 이러진 않았던 것 같은데… 그나마 상철이와 두만이가 저희 부대에서는 활을 잘 쏘는 걸로 손에 꼽힙니다."

대장은 고개를 갸우뚱했다.

"상철이는 아까 한 번밖에 못 맞히지 않았느냐? 시합에서도 한 번만 맞히면 어떡하느냐."

"열 번을 모두 맞힌 적도 많습니다. 그러면 시합에서 열 번을 맞힐 수도 있지 않을까요?"

부대장의 대답에도 대장은 여전히 믿음직스럽지 않다는 눈치였다. 대장은 두만이의 기록을 빤히 들여다보곤 말했다.

"매회 잘 쏜 두만이를 우리 부대 대표로 내보내면 어떤가?"

그러자 부대장이 곤란하다는 듯 답했다.

"두만이도 잘 쏘긴 하지만, 열 번을 다 맞힌 적이 한 번도 없다는 것이 걸립니다. 시합 때 열 번 맞힌 사람이 나오면 질 테니까요."

"그럼 도대체 누구를 내보내야 한다는 말이냐!"

그때 활쏘기 대회를 지켜보던 통달 할아버지가 큰 소리로 외쳤다.

> 전략에 맞는 대푯값을 비교한 뒤 정하면 됩니다!

큰 소리에 심기가 불편해진 대장이 통달 할아버지에게 호통을 쳤다.

"어디서 대푯값인지 뭔지 뚱딴지같은 소리를 하고 있느냐!"

"저희는 다 해결할 수 있어요! 통계로 문제를 해결하는 수학 통계당 소문 못 들으셨어요?"

지민이가 나서서 큰소리쳤다.

"통달은 들어 봤는데, 수학 통계당은 또 뭐냐? 어디 한번 들어나 보자!"

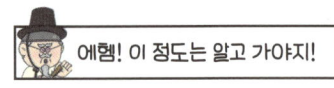 에헴! 이 정도는 알고 가야지!

기록지를 먼저 살펴볼까?
각 회 이긴 사람에게
파랑 동그라미 표시를 해 봤어.

	1회	2회	3회	4회	5회	6회	7회	8회	9회
상철	⑩	5	⑧	3	3	⑩	4	1	⑩
두만	5	⑨	7	⑥	⑥	7	4	⑧	9

이긴 횟수는 같지만, 상철 아저씨가
세 경기나 열 번을 다 맞혔으니,
상철 아저씨가 대표가 돼야 하지 않을까요?

두만 아저씨는 열 번을 맞힌 경기는 없지만,
점수가 꾸준해 보여요. 아, 어렵다. 경기를
한 번만 했으면 바로 결정할 수 있을 텐데.

 두 사람의 기록을 각각 하나의 수로 나타내서 비교하면 되지!

어떻게
여러 수를 하나로 나타내요?

여러 자료의 특징을 하나의 수로 나타낸 것을 대푯값이라고 한단다. 어떤 기준으로 정리하느냐에 따라 대푯값이 달라지지. 어떤 수가 상철이와 두만이의 활쏘기 실력을 보여 줄 수 있을까?

음…
일단 가장 높은 점수와 가장 낮은 점수는 실력을 평가하는 데 중요해요.

옳지. 가장 큰 값을 최댓값이라 하고, 작은 값을 최솟값이라 한단다.

	1회	2회	3회	4회	5회	6회	7회	8회	9회
상철	10(최댓값)	5	8	3	3	10	4	1(최솟값)	10
두만	5	9(최댓값)	7	6	6	7	4(최솟값)	8	9

상철 아저씨 점수의 최댓값은 10, 최솟값은 1이에요.

두만 아저씨 점수의 최댓값은 9, 최솟값은 4이고요.
최댓값과 최솟값의 차이는 상철 아저씨가 더 크네요.

맞아. 하지만 최댓값 최솟값만으로 둘의 특징을 완전히 알 수는 없어. 정확하게 비교하려면 다른 대푯값도 봐야 하지.

다른 대푯값에는 뭐가 있는데요?

 모든 자료의 수를 더한 뒤 자료의 개수로 나누어 구하는 평균, 자료의 값을 크기대로 나열한 뒤 중간에 있는 값으로 대푯값을 삼는 중앙값, 자료 중에 가장 많이 나오는 수를 대푯값으로 삼는 최빈값이 있지.

평균은 학교에서 성적을 보여 줄 때 쓰여요.

 그래. 평균이 대푯값으로 가장 많이 쓰이긴 하지만, 자료의 종류가 몇 가지로 정해져 있을 때는 최빈값을, 아주 크거나 작은 값에 영향 받는 것을 줄이고 싶을 때는 중앙값을 쓰기도 해.

대장이 여러 대푯값을 보고 어떤 판단을 하는지에 따라 대표가 달라지겠네요!

뒷이야기

다른 부대 선수도 열 번을 맞힌 적이 없다더군. 그래서 우리도 모험을 하지 않기로 했다.

우리 부대 대표는 안정적으로 쏘는 두만이다!

통계, 요즘은 이렇게 쓰이지!

최댓값과 최솟값은 언제 쓰일까?

최댓값과 최솟값은 자료나 집단의 특징을 대표할 수는 없지만, 우리 생활에서 중요하게 쓰인단다.

매일 아침 어떤 옷을 입을지 고민할 때 그날의 기온을 확인하곤 할 거야. 이때 네가 살피는 최저 기온이 최솟값이고, 최고 기온이 최댓값이란다. 봄과 가을에는 일교차가 크다는 말을 많이 하지? 일교차는 하루의 최고 기온과 최저 기온의 차이를 말해.

최댓값과 최솟값은 교통사고를 예방하기 위해서 차량의 속도를 제한하는 것에도 쓰인단다. 고속 도로에서는 자동차가 달릴 수 있는 최고 속도가 시속 80~120킬로미터로 제한되어 있어. 너무 빨리 달리면 큰 사고가 날 수도 있기 때문에 정해 놓은 거야. 더불어 너무 느리게 달려도 차량 흐름을 방해하기 때문에 최저 속도는 시속 50킬로미터로 정해져 있지. 유치원과 학교 근처에서는 자동차가 시속 30킬로미터를 넘게 달리면 안 돼. 최고 속도를 정해 놓아 어린이들이 안전하게 다니도록 보호하는 거지. 여기에서의 최고 속도가 최댓값이고, 최저 속도가 최솟값이야. 이처럼 최댓값과 최솟값은 우리 생활에서 안전 기준을 마련해 주고, 여러 위험에서 보호해 주는 역할도 한단다.

어린이 보호 구역 표지판

고속 도로 제한 속도 표지판

 고르기

고르게 만들어 보시오!

대장님, 부대 대표도 잘 뽑혔는데, 왜 또 얼굴에 근심이 가득하세요?

아, 정말 잘 만났습니다! 제발 저 좀 살려 주십쇼.

무슨 문제가 있나요?

지난밤, 이 마을에 비가 그야말로 억수같이 쏟아졌다. 다행히 사람들은 피해를 입지 않았지만, 마을을 두르고 있는 성벽이 거센 비를 견디지 못하고 많이 무너지고 말았다. 성을 지키는 일뿐만 아니라 수리하는 일도 맡은 부대 대장은 성벽이 무너졌다는 소식을 듣자마자 그곳으로 부리나케 달려갔다. 직접 보니 전해 들은 것보다 상황이 심각했다. 대장은 자신이 처한 어려운 상황을 통계당에게 쏟아 내기 시작했다.

"이것 좀 보십시오. 어젯밤 내린 폭우로 성벽이 이렇게 무너져 버렸습니다. 다음 달에 임금님이 아버지 묘소에 인사하러 가시면서 이곳에 들르신다는데, 이 상태를 보여 드릴 수 없지 않겠습니까? 지금 당장 무너진 성벽을 쌓아도 시간이 모자랄 판인데, 무너진 성벽의 돌들이 빗물에 휩쓸려 버려서 당장 쌓을 돌도 없습니다."

대장이 통달 할아버지를 붙잡고 흔들어 대는 탓에 할아버지의 몸이 휘청거렸다. 겨우 중심을 잡은 할아버지는 오랫동안 닫고 있던 입을 열었다.

"얼른 돌을 가져오는 게 우선일 것 같소."

"돌이 어디에 있나요? 저도 나를게요!"

팔을 걷어붙인 지민이는 당장이라도 출발할 기세였다. 옆에 있던 지호도 조용히 고개를 끄덕였다.

"성벽을 쌓을 때 쓰는 돌은 저 옆 마을에 있는 산에서 가져와야 한단다. 거리도 거린데, 돌이 얼마나 필요할지 몰라서 더 걱정이야."

대장의 말을 들은 지민이는 별거 아니라는 듯 이어 말했다.

"돌이 얼마나 필요한지 파악하고 그만큼만 얼른 가져와서 성벽을 쌓으면 되잖아요!"

"무너진 성벽의 높이가 들쑥날쑥해서 얼마나 필요한지 파악하기가 어렵지 않겠느냐."

지민이와 지호의 눈이 무너진 성벽으로 향했다. 정말 어디는 높고, 어디는 낮은 것이 질서를 찾아보기란 힘들었다. 그때, 지민이가 손가락으로 딱 소리를 낸 뒤 외쳤다.

우선 성벽의 높이를 고르게 만들어요!

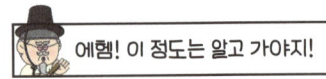

급한 불부터 끄는 게 좋겠어요.
무너진 곳 옆에 있는 돌을 무너진 곳으로 옮겨
높이를 맞추는 거예요!

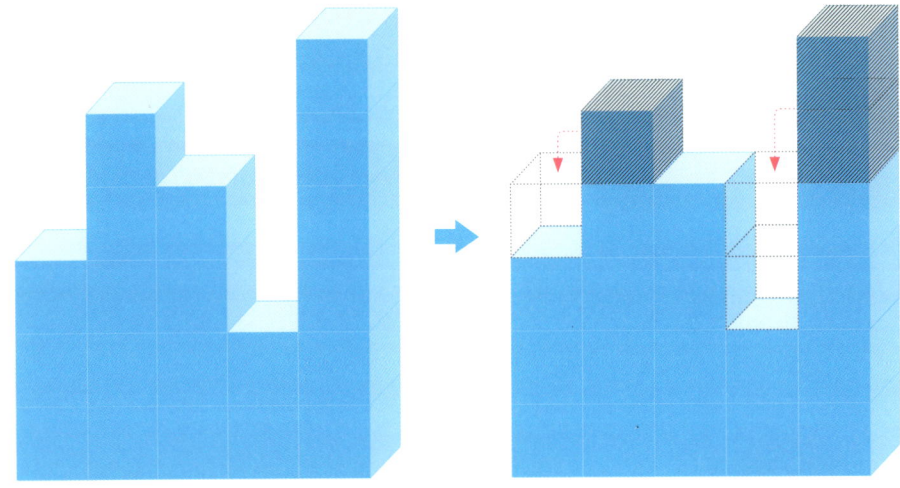

필요한 돌의 개수를 파악하는 게
가장 급한 일인데, 지금
테트리스나 하고 있자는 거야?

 고르기를 제대로 알고 있는데? 지민이가 말한 것처럼 무너져서 비어 버린 곳에 옆쪽 높은 곳의 돌을 옮겨서 높이를 맞추는 것이 고르기야. 그렇게 돌을 옮겨 고르게 한 높이가 평균이지.

평평하게 만들면
무너진 느낌을 덜 줄 것 같아서
그렇게 말한 건데, 그게
평균을 구하는 과정이었군요!

 맞아, 평균은 자료의 값들을 평평하고 고르게 만든 수야. 그 과정을 우리가 이렇게 직접 경험해 보고 있는 거야. 쌓기 전에 그림으로 그려 보면, 더 빨리 파악할 수 있겠지?

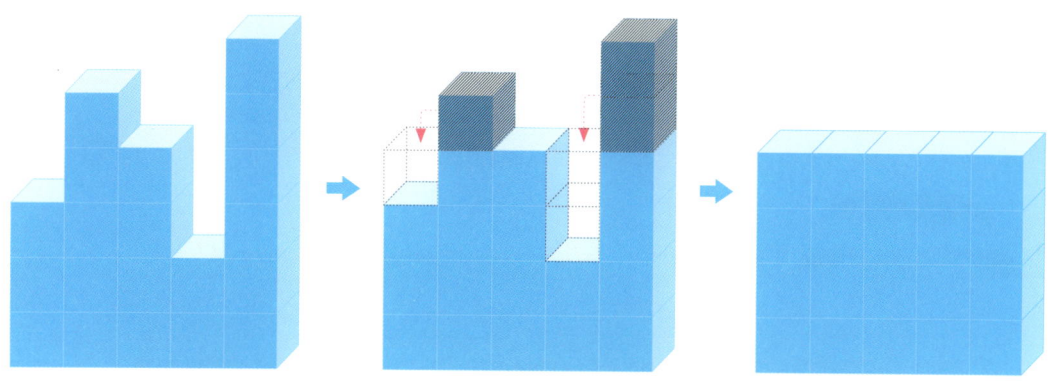

할아버지, 높이를 고르게 만들어서
무너진 곳의 평균 높이를 구하는 것은
알겠어요. 그런데 어떻게 이걸로 필요한
돌의 수를 정확히 알 수 있나요?

 이렇게 무너진 곳의 평균 높이를 알아내면 높이가 얼마나 낮아졌는지도 알 수 있고, 무너진 성벽을 이전처럼 만들기 위해 돌이 얼마나 필요한지 파악하기도 쉽단다.

원래 성벽은 6단인데,
남아 있는 곳이 평균 4단이니까,
2단 높이를 채울 돌이 필요하겠네요.

성벽 높이를 고르게 만들어 평균을 구하니,
필요한 돌의 양을 예측할 수 있어 좋아요.

통계, 요즘은 이렇게 쓰이지!

나는 친구들보다 키가 큰 편일까?

평균은 우리 생활에서 가장 많이 쓰이는 대푯값이야. 뉴스나 신문 기사만 봐도 평균이 우리 생활에서 많이 쓰인다는 것을 알 수 있지. '평균 나이', '평균 점수', '평균 이용 시간', '평균 매출'처럼 다양하게 쓰이거든. 이렇게 쓰인 평균은 자료의 특징을 알고 해석하는 데 도움이 돼.

평균은 성장기 아이들이 잘 자라고 있는지 확인할 때도 쓰이는데, 이와 같은 평균 키와 몸무게가 가장 유용하게 쓰일 때는 바로 갓 태어났을 때부터 만 3세까지야. 이때는 하루하루 몸이 자라기 때문에 아이가 잘 자라고 있는지 확인하는 것이 중요하거든. 평균 키와 몸무게는 같은 나이, 같은 성별을 가진 사람의 키와 몸무게를 바탕으로 평균을 구한 값이야. 신생아 때부터 평균 키와 몸무게를 비교하면 아이의 키가 작은지, 몸무게가 적게 나가는지를 파악할 수 있어. 그러면 아이 건강에 문제가 있는 것을 빨리 발견하고, 적절하게 대응해서 아이가 건강하게 자라도록 도울 수 있지. 물론 어린이, 성인 들도 자신의 키와 몸무게를 또래의 평균 키와 몸무게와 비교하며 건강 상태를 확인할 수 있단다.

 tongdaly

성별 / 학년	남자아이		여자아이	
	키(cm)	몸무게(kg)	키(cm)	몸무게(kg)
1학년	122.5	25.3	121.0	24.2
2학년	128.7	29.3	126.9	27.3
3학년	134.3	33.8	133.2	31.5
4학년	140.5	39.2	139.7	35.8
5학년	146.4	45.1	146.0	41.0
6학년	153.2	50.5	153.0	46.7

출처: 교육부, 2024년 학생 신체 발달 상황 자료

학년별 초등학생 평균 키와 몸무게

부대장의 억울함을 풀어 주시오!

이것만 나르면 오늘은 끝이다.

힘들어서 좀 쉬어야겠어.

아이고, 허리야.

여전히 성벽을 쌓는 공사가 한창이다. 빠르게 성벽을 원래처럼 만들기 위해 아랫마을과 윗마을 사람들이 동원되었다. 부대장은 열심히 일한 일꾼들에게 그날그날 품삯을 나눠 주었다. 오늘도 윗마을 사람들이 먼저 품삯을 받았고, 이어서 아랫마을 사람들 차례였다. 화기애애한 아랫마을 사람들과 부대장의 모습을 본 윗마을 사람들은 집에 가던 발걸음을 멈추고 쑥덕거리기 시작했다.

"저것 좀 보세. 오늘도 자기네끼리만 신났구먼."

"그러게나 말일세. 부대장이랑 같은 마을에 안 살면 서러워서 살겠나."

그때 윗마을 사람 한 명이 모두를 집중시킨 뒤 말했다.

"그거 들었나? 아랫마을 사람들이 우리보다 더 많이 품삯을 받는다네!"

윗마을 사람들은 발끈했다.

"맨날 새참도 같이 먹고, 집에도 같이 가더니만!"

"다 똑같이 힘든데 친하다고 더 챙겨 주다니 말이 되는가!"

"이건 가만히 있을 수 없네. 다 같이 부대장한테 가서 따지세!"

화가 난 윗마을 사람들은 우르르 부대장을 찾아갔다. 장부를 정리하던 부대장은 크게 당황하며 말했다.

"아니, 이렇게 다 같이 무슨 일인가?"

"부대장 나리, 아랫마을 사람들이 저희보다 품삯을 더 받는다는 얘기를 들었습니다."

부대장은 어이없어하며 말했다.

"아니, 무슨 말도 안 되는 소린가! 윗마을, 아랫마을 사람 모두에게 공평하게 품삯을 나눠 줬다네. 이 장부를 보면 되지 않는가!"

부대장이 건넨 장부에는 하루하루 누구에게 얼마나 품삯을 줬는지 꼼꼼히 쓰여 있었다. 그런데 총지급액을 보니 정말 아랫마을 사람들에게 준 금액이 더 많지 않은가? 그것을 본 윗마을 사람들은 더욱 발끈해서 말했다.

"이것 보십시오, 아랫마을에게 준 총지급액이 더 많지 않습니까!"

"그건 아랫마을 사람이 더 많아서 그렇다네."

부대장이 아무리 말해도 이미 화가 머리끝까지 난 윗마을 사람들은 들리지 않는 듯했다. 이 소동을 옆에서 지켜보던 지호가 더는 못 참겠다는 듯 소리쳤다.

평균을 구해서 보여 드릴게요!

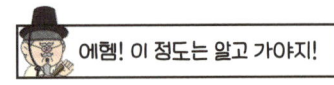 에헴! 이 정도는 알고 가야지!

윗마을

총지급액

2500전

아랫마을

총지급액

3000전

윗마을 사람들 말처럼 진짜 아랫마을 사람들이 돈을 더 많이 받았는데?

부대장 아저씨가 말했잖아. 아랫마을 일꾼 수가 더 많았다고.

 아까 지호가 말한 것처럼 각 마을 사람 품삯의 평균을 구해서 비교해 보면 간단하게 해결될 문제란다.

평균을 구하는 건 제 전문이죠!
그런데 할아버지, 이번에는 사람도 많고
금액도 커서 고르기로 평균을 구하기가 어려워요.

윗마을

갑돌	덕기
갑술	대복
흥득	장쇠
...	...
...	...
...	...

500명

총지급액 2500전

아랫마을

세흥	금쇠
한흥	경술
칠득	영기
...	...
...	...
...	...

600명

총지급액 3000전

간단하게 평균을 구하는
수학식은 없나요?

 마을 사람들이 각각 받아 간 돈을 다 더한 뒤 그 값을 받은 사람 수로
나누면 한 사람당 평균적으로 얼마를 받았는지 구할 수 있단다.

각 마을의 총지급액을 사람 수로 나누면 되겠네요.

윗마을 사람은 500명이고 총 2500전을 받았으니까, 2500 나누기 500, 평균 5전을 받았어요.

$$2500 \div 500 = 5$$
총지급액 　 윗마을 사람 수 　 평균 품삯

아랫마을은 내가 계산해 볼래!

아랫마을 사람은 600명이고 총 3000전을 받았으니까, 3000 나누기 600! 어, 아랫마을도 평균 5전이네!

$$3000 \div 600 = 5$$
총지급액 　 아랫마을 사람 수 　 평균 품삯

 그래, 그렇게 구하면 자료의 값이 크거나 많아도 평균을 쉽게 구할 수 있지. 그나저나 부대장이 쓸데없는 오해를 받았구나.

통계, 요즘은 이렇게 쓰이지!

평균의 함정

자료를 대표하는 값으로 평균이 가장 많이 쓰여. 평균을 정답처럼 여기고, 평균에서 벗어나면 비정상인 것처럼 생각하기도 하지. 그렇다면 평균이 모든 자료를 완벽하게 대표한다고 볼 수 있을까?

초등학교에서 쓰는 책상과 의자는 초등학생의 평균 키와 몸무게를 기준으로 만들어졌어. 대부분의 친구는 큰 불편함을 느끼지 않지만, 평균보다 키가 작은 친구들한테는 책상이 높고, 큰 친구들한테는 책상이 낮아서 불편할 수도 있지. 또, 일교차가 큰 봄과 가을에 평균 기온만 보고 옷을 가볍게 입으면 기온이 낮은 아침과 저녁에는 추워서 덜덜 떨게 될 거야. 평균은 최댓값과 최솟값에 큰 영향을 받거든. 그래서 날씨 예보에서는 평균 기온이 아닌 최저 기온과 최고 기온을 알려 줘. 이 두 예는 평균만 봤다가는 평균의 함정에 빠질 수 있다는 것을 보여 주지.

평균의 함정에 빠지는 것을 막기 위해 최댓값과 최솟값을 빼고 평균을 구하기도 해. 대표적인 예가 올림픽에서 리듬 체조와 피겨 스케이팅 경기를 채점할 때지. 점수가 한쪽으로 치우치는 것을 막기 위해 최고점과 최하점을 빼고 평균 점수를 매기는 거야. 그럼에도 평균만 보면 놓치는 정보가 있을 수 있어. 그래서 자료를 해석할 때는 다른 대푯값인 중앙값과 최빈값도 함께 살펴보는 것이 필요해.

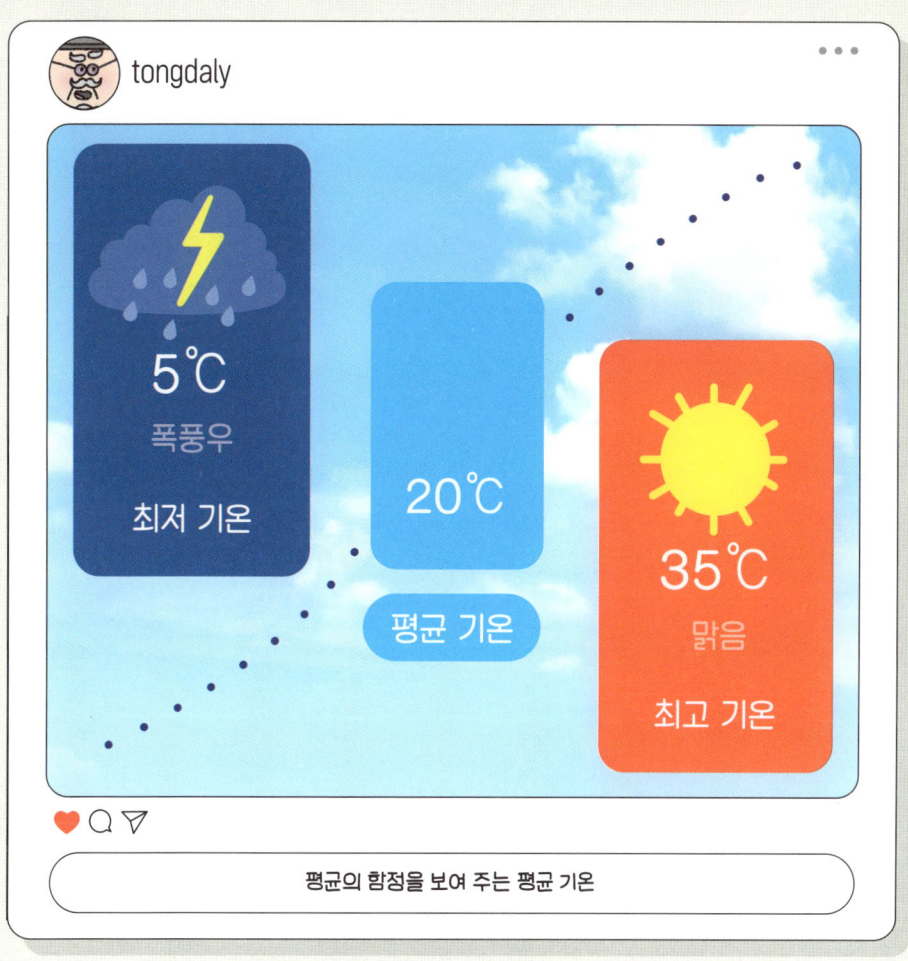

 중앙값

품삯을 제대로 비교해 보시오!

성을 쌓는 큰 공사가 진행되자, 일할 사람들이 마을로 모여들었다. 마을에 사람이 많아지자, 생활하는 데 필요한 물건이 부족했고, 가게들은 더 많은 물건을 만들어 팔기 위해 기술자들을 구하기 시작했다.

 최고의 놋그릇 기술자가 되겠다는 꿈을 지닌 갑돌이도 기술자를 많이 구한다는 소문을 듣고 충청도에서부터 이 마을로 왔다. 갑돌이는 자신의 가치를 알아주면서 품삯도 잘 주는 가게에서 일하고 싶었다. 그래서 장사가 잘되는 '최고다 그릇'과 '좋다 좋아 그릇'의 품삯을 알아보았더니, 조금 이상했다. '좋다 좋아 그릇' 가게 주인은 자기네 가게가 기술자를 가장 잘 대접해 준다고 했는데, 평균 품삯은 '최고다 그릇'이 더 높은 것이 아닌가. 어느 가게에서 일하는 게 좋을지 고민에 빠진 갑돌이에게 통달 할아버지가 슬며시 다가가 물었다.

 "아까부터 무슨 고민에 빠져 있는가?"

 누군가 말을 걸어 주길 기다렸다는 듯 갑돌이는 대답 대신 질문을 던졌다.

 "선생님 같으면 '최고다 그릇'이랑 '좋다 좋아 그릇' 중 어디에서 일하시겠습니까?"

통달 할아버지는 재밌다는 듯 웃으며 말했다.

"둘 다 이 마을에서 놋그릇을 잘 만들기로 유명하지. 근데 그걸 왜 나한테 묻는가?"

"선생님, 제 인생이 걸린 중요한 문제입니다. 제가 잠깐 살펴봤을 때 '좋다 좋아 그릇'이 일하기 좋아 보이는데, 평균 품삯이 '최고다 그릇'보다 낮아 고민입니다."

옆에서 입이 근질근질하던 지민이가 대신 답을 했다.

"당연히 평균 품삯을 더 주는 쪽으로 가야죠! 한 푼이라도 더 많이 받아야 하지 않겠어요?"

"평균 품삯이 높다고 이 형이 품삯을 많이 받을지 어떻게 알아? 평균은 크거나 작은 값에 영향을 받는다고 저번에 할아버지가 그러셨잖아."

두 아이 모두 자기주장만 내세우자, 통달 할아버지가 상황을 정리하려 나섰다.

품삯을 제대로 비교하려면 중앙값을 봐야 하네!

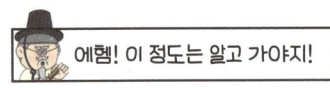
에헴! 이 정도는 알고 가야지!

두 가게에 가서 기술자들이 품삯을 얼마나 받는지 조사해 보거라.

최고다 그릇

이름	곱분이	칠득이	갑순이	흥부	순돌이	총
품삯	5	4	1	7	58	75

평균 : 75 ÷ 5 = 15
품삯의 총합 명수 평균 품삯

좋다 좋아 그릇

이름	순이	병팔이	팽순이	복동이	돌쇠	총
품삯	11	7	12	7	13	50

평균 : 50 ÷ 5 = 10
품삯의 총합 명수 평균 품삯

'최고다 그릇'은 평균 품삯이 높지만, 순돌이만 엄청 높아요. '좋다 좋아 그릇'은 기술자들이 비슷하게 받고 있고요.

평균은 아주 큰 값 또는 작은 값에 영향을 많이 받는다는 걸 '최고다 그릇'의 평균 품삯이 보여 주고 있어.

할아버지, 그래도 평균이 높잖아요. 그러면 갑돌이 오빠도 많이 받을 수 있는 거 아니에요?

그만큼 적게 받을 가능성도 높겠지.

자료에 아주 크거나 작은 값이 포함되어 있다면 중앙값을 살펴보는 것이 필요하단다. 중앙값은 모든 자료를 크기순으로 줄을 세웠을 때, 가운데 있는 값이야. 두 가게의 품삯을 크기순으로 정리해 볼까?

이 정도는 껌이죠!
'최고다 그릇'의 품삯을 크기순으로 나열해 보니
5가 중앙값이네요!

'좋다 좋아 그릇'의 중앙값은 11이고요.

이름	갑순이	칠득이	곱분이 (중앙값)	흥부	순돌이
품삯	1	4	5	7	58

이름	병팔이	복동이	순이 (중앙값)	팽순이	돌쇠
품삯	7	7	11	12	13

어, '좋다 좋아 그릇'의 중앙값이 더 높네요.
'최고다 그릇'은 평균과 중앙값의 차이가
엄청 큰데, '좋다 좋아 그릇'은
차이가 크지 않고요.

 중앙값은 중간에 있는 값이 자료를 대표하기 때문에 아주 큰 값이나 작은 값이 생겨도 변화가 적어. '좋다 좋아 그릇'에 품삯 40전 받는 박 장인이 있다고 치고 다시 살펴볼까?

잠시만요. 박 장인이 추가되면
자료의 개수가 짝수잖아요. 그런 경우는
중앙값을 어떻게 구하나요?

 자료 가운데에 있는 두 값의 평균을 중앙값으로 삼는단다. 이 경우에는 11과 12의 평균인 11.5가 중앙값이 되는 거야. 큰 값이 추가되니 평균 품삯은 15로 커지지만, 중앙값은 변화가 크지 않지.

이름	복동이	병팔이	순이	팽순이	돌쇠	박 장인	총	평균
품삯	7	7	11	12	13	40	50	15

두 값의 평균이 중앙값

 이처럼 자룟값의 차이가 큰 경우에는 중앙값이 좋은 대푯값이 된단다.

뒷이야기

통계, 요즘은 이렇게 쓰이지!

복지 혜택을 받는 기준은?

국가에서 복지 혜택을 받을 사람을 판단할 때도 통계가 쓰여. 이때 국민의 평균 소득을 기준으로 한다고 생각하기 쉽지만, 평균 소득은 아주 크거나 작은 값에 영향을 많이 받아서 국민 소득의 대푯값으로 여기기에는 문제가 있어. 그래서 이때는 '중위 소득'을 기준으로 써. 중위 소득은 우리나라의 모든 가구를 소득순으로 줄 세웠을 때 가장 중앙에 있는 가구의 소득을 말해. 바로 앞에서 배운 중앙값인 거야. 중위 소득은 소득으로 계층을 나누는 기준값이 돼. 중위 소득보다 적게 벌면 저소득층, 많이 벌면 고소득층인 거지. 우리나라에서는 통계청에서 매년 발표해.

정부에서는 중위 소득에 여러 경제 지표를 반영해서 '기준 중위 소득'을 정해. 기준 중위 소득은 국민 기초 생활 보장 대상자를 정할 때 기준으로 쓰여. 기준 중위 소득보다 소득이 낮은 저소득층에게 주택, 교육, 의료 등 다양한 지원을 해 줘서 소득 불평등 문제를 해결하고 사회적 안전망을 강화하려는 거지. 매년 발표되는 기준 중위 소득의 값은 가구 소득의 중간값을 의미한단다.

 tongdaly

가구당 월평균 소득 (단위: 원)

구분	1인 가구	2인 가구	3인 가구	4인 가구
월평균 소득	3,482,964	5,415,712	7,198,649	8,248,467

기준 중위 소득 (단위: 원)

구분	1인 가구	2인 가구	3인 가구	4인 가구
기준 중위 소득 32퍼센트 (생계 급여 수급자)	713,102	1,178,435	1,508,690	1,833,572
기준 중위 소득 40퍼센트 (의료 급여 수급자)	891,378	1,473,044	1,885,863	2,291,965
기준 중위 소득 50퍼센트 (교육 급여 수급자)	1,114,223	1,841,305	2,357,329	2,864,957
기준 중위 소득 100퍼센트	2,228,445	3,682,609 중앙값	4,714,657	5,729,913
기준 중위 소득 150퍼센트	3,342,668	5,523,914	7,071,986	8,594,870
기준 중위 소득 200퍼센트	4,456,890	7,365,218	9,429,314	11,459,826

출처: 보건복지부

2024년 월평균 소득과 기준 중위 소득

짚신을 더 많이 파는 비법이 있소!

마을에 사람들이 모여들자 짚신 가게도 생겼다. 짚신이 필요할 때마다 옆 마을까지 가서 사야 했던 사람들은 짚신 가게가 생기자 구름처럼 몰려들었다. 그런데 하루하루 짚신을 사는 사람이 줄더니 일주일이 지나자, 짚신 가게에는 손님 대신 파리만 날리고 있었다. 가만히 앉아 망할 날만 기다릴 수 없던 짚신 장수는 하나라도 더 팔기 위해 가격을 깎기로 결심했다.

"짚신 사세요! 오늘은 특별히 싸게 드립니다."

짚신 장수가 외치자 사람들이 가게로 모여들었다. 그러나 짚신을 살펴보더니 그냥 가 버렸다. 그때 키가 엄청 큰 사람이 물었다.

"5호 있소? 내가 발이 커서 짚신 사기가 여간 힘든 게 아니오."

"암요, 당연히 있죠! 여기 있습니다. 구하기 힘든 짚신을 싸게 사시니 운이 엄청 좋으시네요!"

한쪽에 잔뜩 쌓여 있던 5호 짚신을 사 준다고 하니 짚신 장수의 입이 귀에 걸렸다. 그런데 그 이후에는 다들 구경만 할 뿐 아무도 짚신을 사지 않았다.

하도 여기저기 돌아다녀 짚신이 닳아 버린 통계당도 열심히 짚신을 고르는 중이었다. 일찌감치 자기 것을 고른 지민이는 신중하게 짚신을 고르는 지호에게 훈수를 뒀다.

"야, 뭘 그렇게 따져. 아까 든 거나, 지금 든 거나 똑같은데. 그냥 아무거나 골라."

"다 조금씩 다르게 생겼어. 발 안쪽에 거칠한 부분이 없어야 편하단 말이야!"

"너희는 발이 작아서 고를 수도 있구나. 할아버지는 사고 싶어도 발에 맞는 짚신이 없어."

가뜩이나 남은 짚신이 많아 속상한 짚신 장수는 통계당을 붙잡고 하소연하기 시작했다.

"마을에 사람이 모이길래 짚신 가게를 열어 짚신을 골고루 준비해 놨더니만, 셋째 날까지만 반짝할 뿐 이리 안 팔리니… 도대체 뭐가 문제입니까?"

할아버지는 짚신 장수를 딱하게 쳐다보며 말했다.

사람들 발 크기에 맞는 짚신을 팔아야지!

 에헴! 이 정도는 알고 가야지!

할아버지, 사람 발에 안 맞는 짚신을 팔려는 가게가 어디 있어요? 그러니까 주인아저씨도 짚신을 다양한 크기로 준비해 놓은 거잖아요.

 나한테 맞는 게 없잖니. 지금 짚신 가게에 남아 있는 짚신을 살펴보렴.

1호	2호	3호	4호	5호

1호랑 5호가 많이 남아 있어요.

어라, 3호 짚신만 다 팔렸네요. 2호랑 4호는 거의 안 남았고요. 이 마을엔 발 크기가 3호인 사람이 많은가 봐요.

맞아. 반면에 발이 작은 사람이랑 큰 사람은 별로 없다는 뜻이기도 하지. 예전에 내가 최빈값에 관해 설명한 것 기억나니?

 자료 중에서 가장 많이 나온 수를 최빈값이라고 하셨어요.

 잘 기억하고 있구나. 그럼 이 마을 짚신 크기의 최빈값은 무엇일까?

3호가 가장 많이 팔렸으니까 3호가 최빈값이에요!

 그래, 그런데 짚신 장수는 1호부터 5호까지 골고루 준비했다고 했지. 그래서 3호는 모자란 거고, 1호랑 5호는 남아도는 거란다.

 짚신 장수 아저씨한테 최빈값인 3호 짚신을 많이 준비하라고 알려 드려야겠어요!

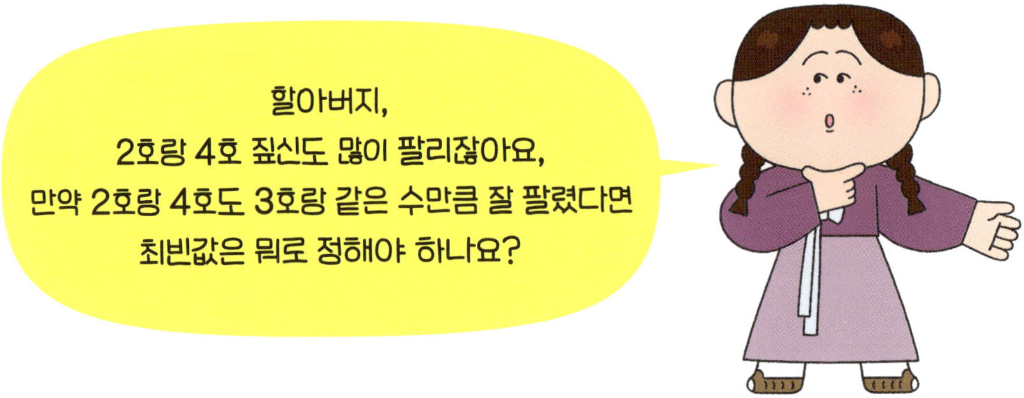

할아버지,
2호랑 4호 짚신도 많이 팔리잖아요.
만약 2호랑 4호도 3호랑 같은 수만큼 잘 팔렸다면
최빈값은 뭐로 정해야 하나요?

 날카로운 질문인걸. 최빈값은 두 개 넘게 있을 수도, 아예 없을 수도 있단다. 숫자가 아닌 것으로도 표현할 수 있지. 너희 반 친구들이 좋아하는 음식을 조사한 뒤 가장 많이 나온 음식을 최빈값으로 삼을 수도 있어.

우리 반 친구들이 좋아하는 음식의
최빈값은 치킨이네!

통계, 요즘은 이렇게 쓰이지!

운동장 자판기에는 왜 스포츠 음료가 많을까?

운동장에서 운동하고 나면 땀이 주르륵 흐르고 목도 많이 말라. 직접 운동을 하지 않고 경기만 보고 있어도 마치 경기를 뛰는 선수처럼 목이 타기도 하지. 그럴 때 운동장에 있는 자판기로 향하면, 물과 스포츠 음료로 가득 채워져 있는 것을 볼 수 있을 거야. 운동장에 온 사람들이 갈증을 해소할 음료를 많이 찾을 것을 예상하고 미리 채워 넣은 거지. 반면, 도서관 자판기에는 커피 종류가 많아. 도서관에 온 사람들이 잠을 깨기 위한 음료를 많이 찾을 것을 예상하고 졸음을 쫓아 주는 커피를 준비해 놓은 거야. 앞에서 배운 내용을 적용해 보면, 운동장 자판기의 최빈값은 물과 스포츠 음료, 도서관 자판기의 최빈값은 커피야.

이처럼 상인들은 최빈값을 알아내서 그 물건 위주로 팔려고 해. 그래야 더 많은 사람에게 더 많이 팔 수 있을 테니까. 세일하는 곳에 가면, 크기가 아주 작거나 큰 물건, 색깔이 엄청 튀거나 특이한 디자인의 물건만 남아 있는 경우가 많아. 사람들이 많이 찾지 않아 남은 물건을 싸게라도 팔려는 거지.

tongdaly

다양한 커피 종류가 있는 도서관 자판기

● 에필로그

　짚신 장수의 문제까지 해결해 준 통계당은 기쁜 마음으로 발걸음을 옮겼다. 앞서 문제를 해결해 주고 받은 선물만으로도 봇짐이 터질 지경이었는데, 마지막에 짚신 장수가 짚신을 한 보따리씩 건네는 바람에 세 사람 모두 짐이 한가득이었다. 한 발짝 한 발짝 점점 뒤처지던 지민이는 얼마 못 가 앓는 소리를 내기 시작했다.

　지호도 무거운 것은 마찬가지였는지 지민이 말을 듣자마자 들고 있던 짐을 내려놓았다. 앞서가던 통달 할아버지는 발걸음을 멈추고 아이들을 향해 말했다.

"우리가 일을 꽤 잘했나 보구나! 돌아다니기 힘들 정도로 선물도 받고 말이다. 조금만 참으렴. 내가 짐을 보관할 곳을 안다."

당장 짐을 내려놓고 싶은 지민이와 지호는 울상을 지은 채 종종 거리며 빠르게 앞서 나가는 통달 할아버지를 뒤따라갔다.

이리저리 좁은 길을 헤쳐 가던 통달 할아버지는 인적이 드문 골목 끝에서 멈췄다. 그러고는 구석에서 나무 상자를 꺼내 아이들 앞에 내밀었다.

그동안 받은 물건을 상자에 넣던 지호는 호패를 상자에 넣는 대신 손에 쥐었다. 그 모습을 본 통달 할아버지는 지호에게 말했다.

"호패도 상자에 넣으렴."

"호패도요? 호패가 없는 채로 다니면 관아에 끌려갈 수도 있잖아요!"

할아버지는 대답 대신 단호하게 상자 쪽으로 손짓만 할 뿐이었다.

한참 호패를 만지작거리던 지호는 결국 호패를 상자 속으로 내려놓았다. 그러자 갑자기 거대한 회오리바람이 몰려오더니 곧이어 세 사람까지 삼켜 버렸다.

지민이의 외마디 비명이 끝나자, 회오리바람이 멈췄다. 가까스로 정신을 붙잡고 주변을 둘러본 지민이와 지호의 눈이 동그래졌다. 이게 무슨 일인가 싶어 눈을 비비고 이리저리 고개를 돌리는 아이들에게 할아버지가 다가와 말했다.

할아버지는 헛웃음을 터트리며 말했다.

"너희 둘이 가게 구석에서 졸고 있길래 놔뒀더니, 무슨 뚱딴지같은 소리를 하는 거냐?"

이 말을 남기고 할아버지는 가게 밖으로 나가 버렸다. 가게에 남은 두 아이는 상황 파악을 하기 시작했다.

"이게 꿈이라고? 너도 분명 방금까지 조선 시대에 있던 거 맞지?"

"맞아! 우리 조선 사람들의 문제를 해결해 주는 수학 통계당이었잖아!"

그때 지호가 무언가를 손가락으로 가리키며 말했다.

"어! 저기 있는 거, 부대장 아저씨가 준 주판 아니야?"

"여기 붓이랑 침통도 모두 우리가 받은 거잖아! 우리 둘이 같은 꿈을 꾼 게 말이 돼? 진짜 조선 시대에 갔다 온 게 아니라고?"

아리송해하며 둘은 가게를 나와 집으로 향했다. 통달 할아버지는 멀어져 가는 아이들의 뒷모습을 보며 흐뭇하게 웃었다.

집으로 가는 길, 지민이는 자판기를 보고 외쳤다.

"야, 여기 자판기 봐. 물이랑 스포츠 음료가 잔뜩 있어. 근처에 운동하는 곳이 있나 봐!"

작가 통계당

우리는 이 책에 글을 쓴 '인간과수학연구소'야.

인간과수학연구소

오성훈, 남자, 초등 교사, 교사 경력 16년
오해송, 여자, 초등 교사, 교사 경력 8년
이호석, 남자, 초등 교사, 교사 경력 23년
장호돈, 남자, 초등 교사, 교사 경력 9년
조용진, 남자, 초등 교사, 교사 경력 17년
하정현, 남자, 초등 교사, 교사 경력 23년
홍갑주, 남자, 대학교수, 교수 경력 17년

남자는 6명,
여자는 1명이고,

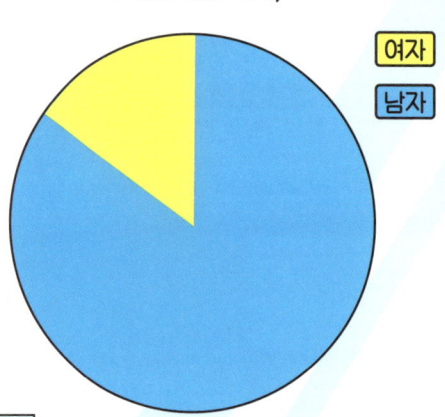

초등 교사는 6명,
대학교수는 1명이야.

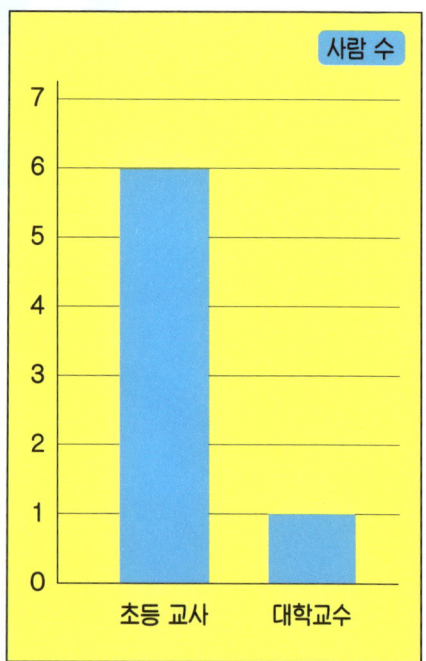

우리는 2025년 기준으로 평균 16년을 선생님으로 일했어.

이름	오성훈	오해송	이호석	장호돈	조용진	하정현	홍갑주	총
근속 연수	16	8	23	9	17	23	17	113

평균 : 113 ÷ 7 = 16.142
(근속 연수 총합) (명수) (평균)

 크기순으로 보면, 최솟값은 8년, 최댓값은 23년, 중앙값은 17년이지!

이름	오해송	장호돈	오성훈	조용진	홍갑주	이호석	하정현
	최솟값			중앙값			최댓값
근속 연수	8	9	16	17	17	23	23

 우리가 이 책을 만들 때 가장 중요하게 생각한 것은

오성훈	재미	수학 지식	실생활 연관
오해송	재미	수학 지식	실생활 연관
이호석	재미	수학 지식	실생활 연관
장호돈	재미	수학 지식	실생활 연관
조용진	재미	수학 지식	실생활 연관
하정현	재미	수학 지식	실생활 연관
홍갑주	재미	수학 지식	실생활 연관

 어때? 최빈값인 실생활 연관이 잘 구현된 것 같아?

수학 통계당
본격 오지랖 수학 어드벤처

초판 1쇄 발행 2025년 8월 29일
초판 2쇄 발행 2025년 10월 1일

글쓴이 인간과수학연구소
그린이 김종이
펴낸이 최순영

교양 학습 팀장 김솔미 **편집** 김나연
키즈 디자인 팀장 이수현

펴낸곳 (주)위즈덤하우스 **출판등록** 2000년 5월 23일 제13-1071호
주소 서울특별시 마포구 양화로 19 합정오피스빌딩 17층
전화 02) 2179-5600
홈페이지 www.wisdomhouse.co.kr **전자우편** kids@wisdomhouse.co.kr

ⓒ인간과수학연구소, 김종이 2025

ISBN 979-11-7171-478-0 73410

* 이 책의 전부 또는 일부 내용을 재사용하려면 반드시 사전에 저작권자와 ㈜위즈덤하우스의 동의를 받아야 합니다.
* 인쇄·제작 및 유통상의 파본 도서는 구입하신 서점에서 바꿔드립니다. * 책값은 뒤표지에 있습니다. * 이 책의 사용 연령은 8~13세입니다.

사진 출처
31쪽 나이팅게일 장미 그래프_Wikipedia 41쪽 피자_shutterstock 51쪽 청양고추_shutterstock, 멜론_shutterstock, 휴대폰_shutterstock
63쪽 어린이 보호 구역 표지판_shutterstock, 고속도로 속도 제한 표지판_Wikipedia